工藤纪子幸福之旅系列

小休和阿兜

长长的旅程

〔日〕工藤纪子 绘、著
周龙梅 译

深圳出版社

春天里一个舒适的早晨。

『从今天起，
大家要一起出去旅行。』

『我们出发啦——』

刚走了一会儿。

『说是前面不通了。』

『啊，小鼹鼠。』

『早上好。
大家要不要
试一试
走鼹鼠道？』

「啊——
睡醒了。」
「春天来了吧？」
「我带你们去一个
美好的地方吧。」
动物饼干
巧克力
曲奇饼干
冬
秋
夏
春
拼图

噌！

『从这里上。』

『哇！』
『是草莓田的正中央啊！』

『这些都是鼹鼠农园的草莓，请大家多吃点儿吧。』

『吃草莓啦——』

大家吃了好多好多又甜又鲜的草莓。

旅程还在继续。

大家继续旅行。

『写着「绿色的牧场」呢。』

这时……

『不好了，小鸡都不见了。
能不能请你们
帮忙找一找啊？』

10只小鸡，都藏在哪里了呢？

「对了，
来这里的路上，
摘了好多草莓呢。」
「有想和我们一起
吃草莓的小鸡吗？」
偷偷看。
偷偷看。
偷偷看。
牛奶
牛奶
「有——」
「有——」
「我想吃草莓！」
「我想一起吃！」
叽叽叽。
10只小鸡
全跑出来了。

『谢谢大家了。为了表示感谢，请大家来吃用鲜奶做的冰激凌吧。』

『哇，好凉快，好好吃啊！』

一个绿色春风吹拂着牧场的午后。

旅程还在继续。

大家继续旅行。
『肚子饿了哟。』
『有没有什么吃的东西掉在地上呢……』

『啊，螃蟹！』

『煮一煮吃了吧。』
『请等等。别把我吃掉！』

噗噗噗，
泡泡泡。
『哇啊！』
『来，请大家进到泡泡里面来吧。』
『在大海里也可以喘气，对吧？』
『真的呀，一点儿也不难受！』

『别吃我了。
我带大家去一个可以
吃得更饱的地方吧。』

从海里上岸一看……

『哇，好多香蕉！
吃香蕉啦——』

刚摘下来的香蕉，
好好吃，大家吃了
好多好多。

旅程还在
继续。

大家继续旅行。
『肚子好饿啊。』
『找找有没有可以吃的蘑菇吧。』

『哼哼，哎呀？有一股好香的味道。』

『哼哼，我怎么什么都闻不到啊。』
『啊，小休，等等！』
『这边！』

「小休——
你到哪里去了啊？」
「哼哼，
是这边。」

「我们用落叶
点了篝火，
在开烤红薯派对呢。
你们大家也来吃吧。」

「哼哼，
越来越近了。」
「那些白烟是
什么呢？」

「好了好了，
总算追上了。」
「啊！」

『哇——吃红薯啦——』
大家一起
吃了好多好多
热乎乎的红薯。
旅程还在
继续。

大家继续旅行。

哆哆嗦嗦。

『好冷啊。』

『天就要黑了。』

『啊，在钓鱼呢。』
『一个大家伙上钩了！谁来帮帮我——』

『大家一起拉！』
『嗨哟，嗨哟！』
嘎巴嘎巴嘎巴……

哗啦——
『哇，大乌贼!!』

「好大的烤乌贼，
吃烧烤啦——」
「啊呜啊呜，真好吃。
啊，极光出现了！」

这天夜里，
大家住在企鹅的家里，
一直呼呼地睡到天亮。

旅程还在
继续。

大家继续旅行。
北风
呼呼地刮……
『太冷了！』
『直打哆嗦。』
『哎？』

『地上有一个
大大的蛋。
把它煎成荷包蛋
吃了吧。』

嘣——
『啊！』

「哎哟。」
嘣！
「蛋在哆嗦呢。」
「有什么要生出来了吧？」
「大家一起来暖暖它吧！」
「唉——」
北风又刮来了。
呼——
「哎呀。」
「好冷啊！」
就在这时……
叽，
叽叽叽……

咔吧，
哗——
『哇——』
温暖的光
从蛋里面射了出来。

『春天到了！春天从蛋里面生出来了！』

『原来是春天的蛋。小休，幸亏你没有把它煎成荷包蛋吃了哟。』

太阳暖洋洋地温暖着大家。

寒冷的冬天过去了，从今天起，新的春天开始了。

旅程还在继续。

大家继续旅行。
「好多好多竹笋。好像很好吃！拔一个出来尝尝吧。」

「（用力）嗯——嗯——」
「根本拔不出来……」

噌噌噌！
「哇！」

噌噌噌噌噌……
『要钻到云彩里去了！』

噌噌噌噌……
『哎呀。』
『不得了，
快去追上小休！』

噗！
「哇——」
「喂——小休——」
「哼唷，嗨哟，哼唷，嗨哟。」
「终于爬到了云彩上面。」
「啊！」

「小休！」

「大家快来啊，这些云彩是可以吃的。又甜又香哟！」

「真的啊，像棉花糖一样。放进嘴里，一下就化了！」

大家吃了好多好多云彩棉花糖。

旅程还在继续。

大家继续旅行。
在松松软软的云彩上面
向前走着走着……
『哎？有一个鼓
掉在地上。』

『哇！』
『啊，小休！』
『谁躺在那里睡觉呢？』
呼——呼——
『啊——睡好了，差不多该去工作了。』
『你做什么工作啊？』
『你要去哪里？』
『一起去了就知道。』

『我是雷神，这就是我的工作。』

闪光，轰隆隆，闪光——

哗哗地给稻田下夏天的第一场雨。

『到了秋天，稻子成熟了，
就可以变成好吃的米饭了。』

小休想。

旅程还在继续。

大家继续旅行。
乘着雷云，
飞到了大海上空……

嗷——
「哇——」
「头晕眼花了！」
嚓！
「哇——」
呼——呼——
「啊，鲨鱼！」
「看上去好像很好吃的小休落下来了哟。」

「这下完蛋了，
会被吃掉的！」
扑通！
「哎？」
浮现出来。
「你不要紧吧？」
「哇！」

是积雨云老先生救了大家。

『甜甜的云彩雪糕，抓起来尝尝吧。』

舔舔舔。

『哇，凉凉的，真好吃！』

盛夏一个炎热的下午。

旅程还在继续。

大家继续旅行。
乘着积雨云，
迅速前进……

『我……不能待在寒冷的地方……』
积雨云的身影开始一点点消失……

积雨云唰地一下不见了。
『哇，要掉下去了——』
嗖——嗖——

嘣——
『是树！大家抓紧了！』
『好了好了，得救了。啊，好多好多柿子！吃柿子啦——』
『哎？你们怎么待在这里呢？』

『我们下不去了，正在为难呢。』
『那就请骑在我们的背上吧。』

大家和大雁一起，
在天空高高地飞翔。
秋天，晚霞满天的一个日子。

〈旅程还在
继续。

大家骑着候鸟，
继续旅行。

咕——咕噜噜噜噜。

「肚子饿了。」

「那边有什么跑过来了。」

「哟，是驯鹿。
晚上好。」

「你们好。」

「如果你们肚子
饿了的话，
就跟我来好了。」

『我带你们
去我主人家里吧。』

『就是这里。
来，里边请……』

『我的主人是圣诞老人，他今天
整整一个晚上都有工作，
所以现在在隔壁的房间里睡觉呢。』

『我也要跟主人同行，
所以请大家就在我的床上，
安安稳稳地睡到天亮吧。』
大家钻进暄腾腾的干草床里，
舒舒服服地睡着了。
一个星光灿烂的夜晚。

旅程还在
继续。

『彩虹滑梯！』

剩下的袜子的丝带都解开了……

『面包接连不断地跑了出来！』

『这只袜子里是橘子。』

『啊，这只里面有好多水！』

温暖的春天
降临到地面上来了。

长长的旅行到此结束了。

『去了各种各样的地方啊。』

版权登记号 图字：19-2021-159 号

——
原版设计/名久井直子

图书在版编目（CIP）数据

长长的旅程 / (日) 工藤纪子绘、著 ; 周龙梅译. -- 深圳 : 深圳出版社, 2022. 11（2024. 1重印）
（工藤纪子幸福之旅系列）
ISBN 978-7-5507-3337-4

Ⅰ. ①长… Ⅱ. ①工… ②周… Ⅲ. ①儿童故事—图画故事—日本—现代 Ⅳ. ① I313.85

中国版本图书馆 CIP 数据核字 (2022) 第 213941 号

长长的旅程
CHANGCHANG DE LÜCHENG

出 品 人 聂雄前　　责任编辑 邱玉鑫 陈少扬
责任技编 陈洁霞　　责任校对 黄海燕　　装帧设计 王 佳

出版发行 深圳出版社
地　　址 深圳市彩田南路海天综合大厦（518033）
网　　址 www.htph.com.cn
订购电话 0755-83460239（邮购、团购）
设计制作 米克凯伦（深圳）文化传媒有限公司
印　　刷 中华商务联合印刷（广东）有限公司
开　　本 787mm×1092mm 1/16
印　　张 3.5
字　　数 42 千
印　　数 11001 — 15000 册
版　　次 2022 年 11 月第 1 版
印　　次 2024 年 1 月第 3 次
定　　价 46.00 元